Schnapp und das ABC

Traumfabrik Literaturblätter

von Karin Pfeiffer

LENDERSDORFER TRAUMFABRIK

Stolz Verlag
Edition Lendersdorfer Traumfabrik

www.stolzverlag.de

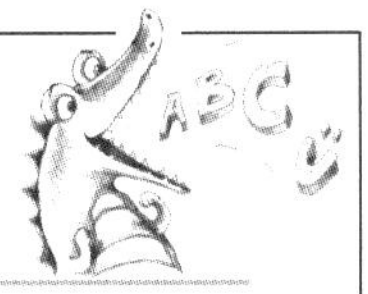

INHALT

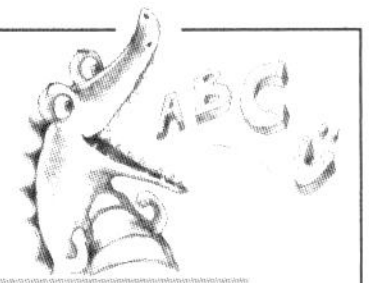

EINFÜHRUNG

Die Geschichte

Schnapp ist ein Lesekrokodil. Mit seiner Hilfe haben die Schulkinder das Lesen gelernt. Nun ist Schnapp arbeitslos. Er läuft aus der Schule fort, weil er die Kinder suchen will. Wie man sich denken kann, erlebt Schnapp allerlei Abenteuer. Er ist stolz darauf, das Abc aufsagen zu können. Meist wird er jedoch verlacht, niemand scheint an so etwas Interesse zu haben. Am Ende wird sogar das lustige Krokodil mutlos und traurig. Auf dem Kinderspielplatz findet es eine Schaukel, darauf setzt es sich und weint. Da hört es, wie noch jemand anderer weint. Jetzt ist die Stunde gekommen, wo Schnapp endlich eine Aufgabe bekommt, und die erfüllt er so gut, dass es am Ende zwei glückliche Gesichter gibt.

Einsatz der Arbeitsblätter im Unterricht

Beim Lesen erwerben Kinder spielerisch Sprachkompetenz. Mehr als durch die „Einwegkommunikation" mit Fernseher und Computer werden dabei Phantasie und Konzentration geschult.

Das Buch kann sowohl im Schulunterricht als auch zu Hause gelesen werden. Man kann die Arbeitsblätter parallel dazu bearbeitet lassen. Es ist aber nicht nötig, alle Übungen durchzuführen – es sollte das jeweils Passende zur intensiven Bearbeitung ausgewählt werden.

Wir alle wünschen, dass unsere Schulkinder in dem wichtigen Schulfach Deutsch Fortschritte machen. Die Voraussetzungen, die das ermöglichen, sind einfach: Beim Lernen soll Zeit und Muße sein, sich intensiv mit Wort und Text auseinanderzusetzen. Vor allem das Nachahmen darf nicht zu kurz kommen. Auswahl an Übungsformen:

- Auswendiglernen von Textpassagen
- auf Fragen in ganzen Sätzen antworten, dabei wird die richtige Satzstruktur wiederholt und eingeprägt
- Formulieren von Fragen und weiterführenden Gedanken
- Dialoglesen und Nachspielen von kleinen Episoden. Die Dialoge können auch frei gesprochen werden. Die Kinder spielen die Szene dann aus dem Gedächtnis und schmücken sie aus.
- Nachschriften und Diktate

Mit Aufgaben wie diesen legen wir den Grundstein für späteren Schulerfolg, der zum überwiegenden Teil von der Beherrschung der Sprache abhängt. Sicherheit im Lesen und Schreiben ist kein Zufallsprodukt, sondern das Ergebnis jahrelangen gezielten, eifrigen Übens.

Das ABC aufsagen

Seiten 7 – 11

„Ich kann das ABC aufsagen!“

Schnapp sagt das ABC auf. Alle 26 Buchstaben. Zeichne und male sie in das Feld. Du kannst die Buchstaben auch hübsch verzieren. Vergiss keinen!

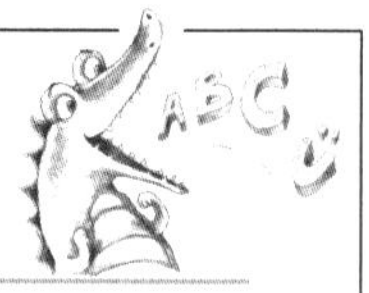

Ein Dialog

Seiten 7 – 11

Es scheint, ich bin arbeitslos

Lest diesen Text mit verteilten Rollen. Zuerst soll jeder für sich üben. Dann laut vorlesen. Sprecht deutlich und lebendig. Ihr könnt die Szene auch spielen. Erfindet dann noch etwas dazu.

Rotstift:	Dich brauchen sie nun nicht mehr.
Schnapp:	Es scheint, ich bin arbeitslos.
Rotstift:	Es sieht ganz so aus. Ich aber habe viel zu tun.
Schnapp:	Ich gehe.
Rotstift:	Wohin?
Schnapp:	Mal sehen.
Rotstift:	Was wirst du machen?
Schnapp:	Irgend etwas Neues.
Rotstift:	Na prima. Was soll daraus werden. Du kannst doch nichts!
Schnapp:	Was? Ich soll nichts können? Ha! Das ganze Abc kann ich aufsagen, von vorn und von hinten: A - B - C ...
Rotstift:	Ha-ha-ha! Was ist das denn schon!
Schnapp:	Das sagst du nicht noch einmal! (schnappt wütend zu)
Rotstift:	Au! Au! Hilfe!

Ein Gedicht

Das ABC im Rückwärtsgang

von Josef Guggenmos

Kennst du das
ZYX?
Für den Könner
ist das nix.

WVU.
TSRQ.
Siehst du wohl,
das geht im Nu.

PONM,
LKJI.
Aufgepasst!
Das schadet nie.

Noch mal Gas,
dann sind wir da:
HGFE,
DCBA.

Lies dieses Gedicht zuerst still. Übe dann das laute Lesen.
Kannst du es vortragen, ohne zu stottern oder hängenzubleiben?

Male Buchstaben auf das Blatt, verziere bunt!

Stolz Verlag   Literaturblätter Schnapp und das ABC, Best.-Nr. 344

Die Ampel

Die Ampel regelt den Verkehr.
Autofahrer richten sich danach.

Was tut ein Autofahrer, wenn die Ampel auf Rot steht?

____

____

Was macht ein Autofahrer, wenn die Ampel auf Gelb steht?

____

____

Was tut der Autofahrer, wenn die Ampel auf Grün steht?

____

____

1. Male die Ampel in den richtigen Farben an.
2. Schreibe die Antworten auf. Hilfe findest du auf der nächsten Seite.
3. Zeichne Schnapp in das freie Feld

Stolz Verlag   Literaturblätter Schnapp und das ABC, Best.-Nr. 344

Die Ampel regelt den Verkehr

Wenn die Ampel auf Rot steht,
müssen die Autos warten.

Wenn die Ampel auf Gelb steht,
müssen die Autos auch noch warten.

Wenn die Ampel auf Grün steht,
dürfen die Autos fahren.

Lies laut vor.
Was für Autofahrer gilt, musst auch du beachten, wenn du auf der Straße mit dem Fahrrad unterwegs bist. Sprich und schreibe, was du tust:

Wenn die Ampel auf Rot steht,
muss ich ______________________

Wenn die Ampel auf Gelb steht,
____

Wenn die Ampel auf Grün steht,
____

Stolz Verlag Literaturblätter Schnapp und das ABC, Best.-Nr. 344

Die Tonne ist voll

Schnapp kam an einer Mülltonne vorbei.
Die Mülltonne war voll.
Schnapp sagte das ABC auf, aber die Mülltonne lachte.
Hochmut kommt vor dem Fall!
Die Tonne kippte um, und der Inhalt ergoss sich
über den Bürgersteig.

Was ist alles in einer Tonne?
Was ist bestimmt nicht darin?

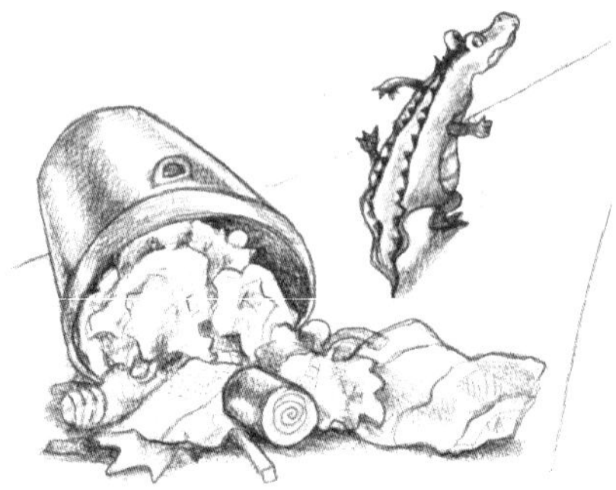

Konservendose	Klofenster	Papierfetzen
Plastikbecher	Spüllappen	Bleistiftstummel
Gebiss	Gespenst	Fahrradklingel
Autoreifen	Hosenknopf	Fernseher
alte Sandale	Türgriff	Hundenapf
Schokokuchen	Brillenbügel	Sommerferien
Haarbürste	Autositz	Raviolidose

Male die Kästchen aus: gelb, was in der Tonne ist
rot, was **nicht** in der Tonne sein kann oder soll

Stolz Verlag Literaturblätter Schnapp und das ABC, Best.-Nr. 344

Aufmerksam lesen

Schnapp lief in die Stadt. Dort sah er seltsame Dinge:

1. In einem Bäckerladen spielte ein Mann auf einer Geige.	1.
2. Zu seinen Füßen lag ein Hund mit der Öffnung nach oben.	2.
3. Einige Leute blieben stehen und rauschten.	3.
4. Sie warfen Grundstücke in den Hut.	4.
5. Schnapp hörte es schimpfen.	5.
6. Bei jeder Tankstelle verneigte sich der Geigenspieler.	6.

– Wenn du im Buch die Seite 22 aufmerksam gelesen hast, wirst du rasch herausfinden, was an den Sätzen nicht stimmt. Unterstreiche zuerst jedes Wort, das dir unrichtig erscheint und schreibe es in das jeweilige Kästchen. Prüfe dann durch Vergleichen mit dem Text im Buch.

– Schreibe die Sätze dann in dein Heft, und zwar so, wie sie richtig lauten.

Stolz Verlag Literaturblätter Schnapp und das ABC, Best.-Nr. 344

Kannst du nicht aufpassen?

Lest diesen Text mit verteilten Rollen. Zuerst soll jeder für sich üben. Dann laut vorlesen. Sprecht deutlich und lebendig. Ihr könnt die Szene auch spielen. Erfindet dann noch etwas dazu.

Frau:	Kannst du nicht aufpassen? Jetzt ist ein Loch in meiner Tüte.
Schnapp:	A B C D E F G – .
Frau:	Papperlapapp!
Schnapp:	Das gehört nicht zum ABC.
Frau:	Was tu ich jetzt mit dem Loch?
Schnapp:	Ich sage das ABC auf.
Frau:	Davon wird die Tüte nicht wieder ganz.
Schnapp:	Wir kleben ZYX drauf.
Frau:	Kleben? Dir werde ich eine kleben!

Warum sie traurig sind

Schnapp ist schrecklich traurig.
Er setzt sich auf eine Schaukel und denkt nach.
Du bist Schnapp. Schreibe auf, was du denkst:

Auch Hannes ist schrecklich traurig.
Er sitzt auf einer Bank und weint.
Du bist Hannes. Schreibe auf, weshalb du weinst:

Stolz Verlag Literaturblätter Schnapp und das ABC, Best.-Nr. 344

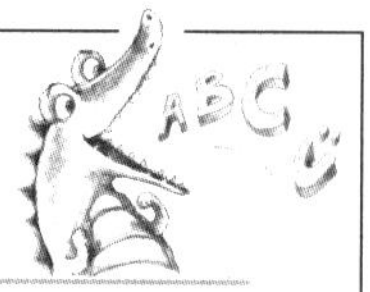

Schnapp und das ABC

Wenn du die ganze Geschichte aufmerksam gelesen hast, kannst du die folgenden Fragen beantworten. Lies die Fragen laut und sprich die Antworten in ganzen Sätzen. Fleißaufgabe: Schreibe die Antworten in dein Heft.

1. Weshalb läuft das Krokodil aus der Schule fort?
2. Was kann das Krokodil besonders gut?
3. Was macht das Krokodil, wenn es wütend ist?
4. Ist die Ampel besonders klug?
5. Weshalb kippt die Mülltonne um?
6. Wer steht mit einer Geige vor einem Bäckerladen?
7. Was denkt Schnapp, als er das sieht?
8. Wollen die Leute das ABC hören?
9. Weshalb bekommt die Einkaufstüte der Frau ein Loch?
10. Wo trifft Schnapp auf Hannes?
11. Weshalb weint Hannes?
12. Berichte, wie Schnapp und Hannes Freunde werden!

Kleine Texte zum Lesen und Nachschreiben

Schnapp läuft fort

Alle Kinder können lesen.
Das Krokodil hat keine Arbeit mehr.
Da hüpft es aus dem Kasten.
Es läuft hinaus auf den Schulhof.

Die Ampel steht jeden Tag da

Die Ampel hat drei Lichter.
Ein Licht ist rot, ein Licht ist orange,
und ein Licht ist grün.
Das grüne Licht sagt: Jetzt darfst du
über die Straße gehen.

Die Mülltonne ist unhöflich

Der Deckel steht offen.
Der Abfall stinkt, einige Dinge
fallen herunter.
Die Mülltonne rülpst und fällt um.
Schnapp sucht das Weite.

Lies alle Texte und wähle dann einen aus, der dir besonders gut gefällt.
Schreibe die Zeilen in Schönschrift ab. Korrigiere Fehler sofort! Zeichne dazu.

Kleine Texte zum Lesen und Nachschreiben

Niemand

Das Krokodil stellt sich auf die Treppe.
Es sagt das ABC auf.
Niemand bleibt stehen.
Niemand hört zu.
Niemand freut sich.
Niemand wirft Münzen.

Die Frau ärgert sich

Schnapp macht mit dem Schwanz
ein Loch in die Einkaufstüte.
Jetzt fallen die Sachen heraus.
Die Frau ärgert sich und schimpft.

Hannes hat kein Taschentuch

Hannes sitzt auf der Bank und weint.
Er weint, weil er das ABC nicht kann.
Schnapp wischt dem Hannes
mit dem Schwanz über das Gesicht.
Er hilft Hannes. Sie werden Freunde.

Lies alle Texte und wähle dann einen aus, der dir besonders gut gefällt.
Schreibe die Zeilen in Schönschrift ab. Korrigiere Fehler sofort! Zeichne dazu.

Stolz Verlag   Literaturblätter Schnapp und das ABC, Best.-Nr. 344

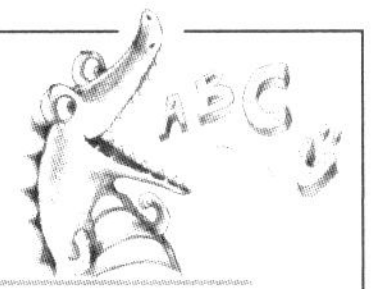

Fragen zum Buch

Das ganze Buch

Über die Geschichte nachdenken

Beantworte die folgenden Fragen. Du kannst dich auch vorher mit deinem Partner beraten!

Das hat mir an diesem Buch besonders gut gefallen:

____

____

____

Das fand ich besonders lustig:

____

____

____

Das fand ich traurig:

____

____

____

Das habe ich nicht verstanden:

____

____

____

Stolz Verlag Literaturblätter Schnapp und das ABC, Best.-Nr. 344

Lösungen

Seite 10

Wenn die Ampel auf Rot steht, wartet der Autofahrer.
Wenn die Ampel auf Gelb steht, wartet der Autofahrer auch.
Wenn die Ampel auf Grün steht, fährt der Autofahrer.

Seite 11

Wenn die Ampel auf Rot steht, muss ich warten.
Wenn die Ampel auf Gelb steht, muss ich auch warten.
Wenn die Ampel auf Grün steht, darf ich fahren.

Seite 12

Das ist in der Tonne: Konservendose, Plastikbecher, alte Sandale, Haarbürste, Spüllappen, Hosenknopf, Türgriff, Brillenbügel, Papierfetzen, Bleistiftstummel, Fahrradklingel, Hundenapf, Raviolidose

Das ist nicht drin: Autoreifen, Schokokuchen, Klofenster, Gespenst, Autositz, Fernseher, Sommerferien

Seite 13

1. ~~In~~ Vor einem Bäckerladen spielte ein Mann auf einer Geige. (In)
2. Zu seinen Füßen lag ein ~~Hund~~ Hut mit der Öffnung nach oben. (Hund)
3. Einige Leute blieben stehen und ~~rauschten~~ lauschten. (rauschten)
4. Sie warfen ~~Grundstücke~~ Geldstücke in den Hut. (Grundstücke)
5. Schnapp hörte es ~~schimpfen~~ klimpern. (schimpfen)
6. Bei jeder ~~Tankstelle~~ Münze verneigte sich der Geigenspieler. (Tankstelle)

Seite 16

1. Das Krokodil läuft fort, weil es in der Schule keine Arbeit mehr hat.
2. Das Krokodil kann das ABC besonders gut (aufsagen).
3. Wenn das Krokodil wütend ist, schnappt es.
4. Nein, die Ampel ist nicht klug, sie ist dumm.
5. Die Mülltonne kippt um, weil sie zu voll ist.
6. Ein Mann steht vor dem Bäckerladen.
7. Schnapp denkt: Das mache ich auch!
8. Nein, die Leute wollen das ABC nicht hören.
9. Die Tüte bekommt ein Loch, weil Schnapp mit dem Schwanz schlägt.
10. Schnapp trifft Hannes auf dem Spielplatz.
11. Hannes weint, weil er das ABC nicht kann.
12. Schnapp bringt Hannes das ABC bei, da freuen sich beide.

Stolz Verlag Literaturblätter Schnapp und das ABC, Best.-Nr. 344